Las colonias del centro
Un granero del Nuevo Mundo

Kelly Rodgers

Asesores

Katie Blomquist, Ed.S.
Escuelas Públicas del Condado de Fairfax

Nicholas Baker, Ed.D.
Supervisor de currículo e instrucción
Distrito Escolar Colonial, DE

Créditos de publicación

Rachelle Cracchiolo, M.S.Ed., *Editora comercial*
Conni Medina, M.A.Ed., *Redactora jefa*
Emily R. Smith, M.A.Ed., *Realizadora de la serie*
Diana Kenney, M.A.Ed., NBCT, *Directora de contenido*
Caroline Gasca, M.S.Ed., *Editora superior*
Johnson Nguyen, *Diseñador multimedia*
Lynette Ordoñez, *Editora*
Sam Morales, M.A., *Editor asociado*
Jill Malcolm, *Diseñadora gráfica básica*

Créditos de imágenes: portada, pág.1 LOC [LC-USZC4-12141]; págs.2–3, 5–7, 9–11, 13, 15–18, 21, 23–27, 32 North Wind Picture Archives; págs.4, 25 Granger, NYC; págs.7, 31 National Archive; pág.8 LOC [LC-DIG-pga-01466]; pág.9 LOC [LC-USZC4-12217]; pág.11 Daderot/Wikimedia Commons/CC0 1.0; págs.12–13 LOC [DIG-ppmsca-31798]; pág.14 Pictorial Press Ltd/Alamy; pág.20 Ted Spiegel/CORBIS; pág.22 National Museum of African American History and Culture/Smithsonian; pág.27 Encyclopedia Britannica/LOC; pág.28 LOC [LC-USZC4-12141]; pág.29 LOC [vc006399]; todas las demás imágenes cortesía de iStock y/o Shutterstock.

Library of Congress Cataloging-in-Publication Data
Names: Rodgers, Kelly, author.
Title: Las colonias del centro : un granero del nuevo mundo / Kelly Rodgers.
Other titles: Middle colonies. Spanish
Description: Huntington Beach, CA : Teacher Created Materials, Inc., 2020.
  | Audience: Grades 4-6.
Identifiers: LCCN 2019014757 (print) | LCCN 2019022338 (ebook) | ISBN 9780743913546 (pbk.)
Subjects: LCSH: Middle Atlantic States--History--Colonial period, ca. 1600-1775--Juvenile literature.
Classification: LCC F106 .R74618 2020 (print) | LCC F106 (ebook) | DDC 974/.02--dc23

Teacher Created Materials
5301 Oceanus Drive
Huntington Beach, CA 92649-1030
www.tcmpub.com

ISBN 978-0-7439-1354-6

Contenido

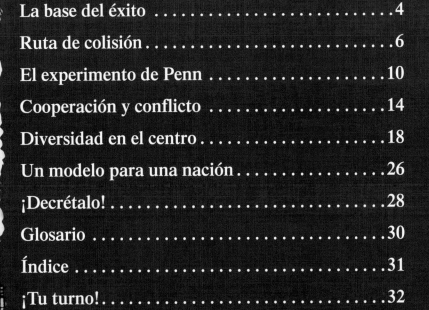

La base del éxito

En los siglos XVI y XVII, los ingleses establecieron colonias en el **Nuevo Mundo**. Las familias que querían practicar su religión libremente crearon colonias en el norte. Trabajaron en las industrias de la madera y de la construcción de barcos. En el sur, los hombres construyeron colonias con la esperanza de hacerse ricos. Las granjas grandes fueron esenciales para su éxito. Pero los ingleses querían controlar toda la costa este. Se interesaron en las colonias del centro.

Las colonias del centro fueron fundadas por los neerlandeses, personas que venían de los Países Bajos. No tenían idea de que sus colonias serían todo un éxito. Las personas iban a vivir allí por muchas razones. Tenían diferentes orígenes. Las colonias del centro se convirtieron en las colonias con más **diversidad**. Crecieron y **prosperaron**. Al hacerlo, establecieron un estándar para lo que más adelante sería una nueva nación.

colonos neerlandeses en los Nuevos Países Bajos

las colonias del centro

Nueva York

Pensilvania

Nueva Jersey

Delaware

La influencia neerlandesa

Los neerlandeses iniciaron una **economía comercial** en los Nuevos Países Bajos. Esta economía fue la base para el crecimiento de las colonias del centro.

Los neerlandeses comercian con los indígenas.

Ruta de colisión

La historia de las colonias del centro comienza con Henry Hudson, un explorador que trabajaba para los neerlandeses. En 1609, Hudson estaba buscando una forma de llegar a Asia por el océano Ártico. Pero su camino estaba bloqueado por el hielo. Dio la vuelta y navegó por el océano Atlántico. Pensó que una vía fluvial que cruzara América del Norte podría ser la solución. Encontró un río ancho y tranquilo. Entonces, reclamó la tierra que rodeaba el río para los neerlandeses. Allí, los neerlandeses desarrollaron una colonia llamada Nuevos Países Bajos.

Los neerlandeses no habían encontrado el **paso del Noroeste** a Asia. Pero comenzaron un negocio de comercio de pieles. Fundaron Nueva Ámsterdam. Se convirtió en la capital de los Nuevos Países Bajos. Suecia y Finlandia habían establecido colonias en el río Delaware. Los neerlandeses también ocuparon esas colonias.

El barco de Henry Hudson, Half-Moon, zarpa hacia el Nuevo Mundo en 1609.

El comercio de pieles era **rentable**. Pero muy pocas familias neerlandesas querían ir al Nuevo Mundo. Por lo tanto, los neerlandeses invitaron a colonos de otros países a su nueva colonia. Personas de todas partes de Europa se mudaron a la colonia neerlandesa.

colonos de los Nuevos Países Bajos

Esta carta de 1626 documenta la venta de Manhattan.

La compra de Manhattan

Los neerlandeses compraron la isla de Manhattan en 1626 a los indígenas lenapes por un valor de tan solo 60 florines en suministros. Sin embargo, los lenapes quizás pensaron que el pago era por un permiso de tránsito o por derechos de caza. De cualquier modo, ¡60 florines equivalen a cerca de $951 hoy en día!

Los ingleses ganaban dinero con sus colonias. Pero querían ganar más. No les gustaba que la colonia neerlandesa separara Nueva Inglaterra de sus colonias del sur. Los dos países querían riqueza y poder. Querían construir **imperios**. Estaban en ruta de **colisión**.

En 1664, el rey Carlos II de Inglaterra ideó un plan con su hermano. Su hermano era Jacobo, el duque de York. Su plan era obligar a los neerlandeses a irse de América del Norte. Enviaron entre 300 y 450 soldados a Nueva Ámsterdam. Estaban preparados para luchar contra los neerlandeses por la colonia. Pero los neerlandeses se rindieron. No se disparó ni un solo tiro. Los ingleses tomaron la colonia. La llamaron Nueva York y la ciudad de Nueva York fue su capital.

Más adelante, el rey les dio la parte sur de la colonia a dos amigos. Se convirtió en una nueva colonia conocida como Nueva Jersey. Las tierras se pusieron a la venta. Se prometió libertad de culto a los que quisieran ir a vivir allí. Tanto Nueva York como Nueva Jersey atrajeron a más colonos.

Los ingleses ocupan Nueva Ámsterdam en 1664.

La colonia de Nueva Jersey

Los colonos que se establecieron en Nueva Jersey **cooperaron** con los indígenas. Llegó a ser conocida como una colonia tolerante y pacífica.

Decidir rendirse

Peter Stuyvesant era el **gobernador** de los Nuevos Países Bajos. Cuando los ingleses llegaron para tomar la colonia, quiso luchar. Los colonos se negaron.

Los colonos neerlandeses le ruegan al gobernador que no dispare contra los barcos ingleses.

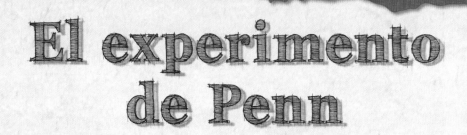

El experimento de Penn

Poco tiempo después, se fundó otra colonia en la región del centro. Se creó con una **concesión de tierras** del rey de Inglaterra. La familia de William Penn le había prestado dinero al rey Carlos II. El rey les devolvió el préstamo con un regalo. En 1681, les dio un gran terreno en América del Norte a lo largo del río Delaware.

Penn era cuáquero. Los cuáqueros eran un grupo religioso que había sufrido **persecuciones** en Inglaterra. Tenían sus propias creencias. Los cuáqueros no tenían pastores religiosos. Y se les permitía a las mujeres ser líderes de la iglesia. Los cuáqueros también se negaban a luchar en las guerras. Algunas personas pensaban que los cuáqueros eran una amenaza. Penn quería construir un lugar en el Nuevo Mundo para los cuáqueros. Allí, podrían practicar su religión con libertad.

La colonia de Penn no prohibía las demás religiones como lo hacían otras colonias. Las personas de todas las religiones eran bienvenidas. Todos los que quisieran trabajar mucho para tener una vida exitosa en el Nuevo Mundo estaban invitados a los Bosques de Penn. La nueva colonia fue llamada Pensilvania.

William Penn

Los puritanos

Los puritanos también buscaron libertad religiosa en las colonias. Se establecieron en Nueva Inglaterra, al norte de las colonias del centro. No aceptaban a personas de otras religiones en sus colonias.

La noticia se extendió rápidamente. En 1686, la colonia de Penn ya tenía 8,000 habitantes. Era la colonia inglesa de más rápido crecimiento. **Comerciantes** y **artesanos** fueron a establecerse en el territorio. También llegaron agricultores. La temporada de cultivo era más larga que la de Nueva Inglaterra y el suelo era rico y fértil. Los agricultores cultivaban trigo y otros granos. Podían cultivar más alimentos de los que necesitaban. Entonces, comenzaron a vender sus cultivos a otros.

Nació una ciudad llamada Filadelfia. *Filadelfia* significa "ciudad del amor fraternal". Penn ayudó a diseñar esta ciudad, que se parece a un parque. Había calles anchas y plazas. Se convirtió en una gran ciudad portuaria. Sus comerciantes tuvieron éxito en los negocios y fueron los más ricos de las colonias.

La concesión de tierras de Penn también incluía la antigua colonia de Nueva Suecia en el río Delaware. A la región que estaba al sur del río se le permitió tener su propia asamblea en 1704. Ese era su órgano de gobierno. Pero la región siguió siendo parte de Pensilvania hasta 1776.

puerto de Filadelfia

Movimientos en Delaware

Los suecos fundaron Delaware en 1638. Los neerlandeses la tomaron en 1655. Los ingleses la controlaron cuando los neerlandeses se rindieron. Luego, fue parte de las tierras concedidas a Penn. Formó parte de Pensilvania hasta que se separó oficialmente en 1776.

Cooperación y conflicto

Los indígenas habían vivido durante miles de años en las tierras que luego fueron las colonias del centro. Antes de que llegaran los colonos, cinco tribus hicieron un pacto, o un acuerdo. Acordaron formar la Confederación Iroquesa. El pacto se hizo para mantener la paz entre las tribus. Un consejo formado por los jefes de las tribus se reunía para conversar sobre los problemas. Tomaban las decisiones juntos.

Los líderes de la Confederación Iroquesa debaten nuevas leyes cerca de 1570.

bandera de la Confederación Iroquesa

Unos comerciantes de pieles hablan con indígenas.

Luego, llegaron los europeos. Los iroqueses sabían que tendrían que trabajar con ellos. Esperaban poder mantener sus tierras. Esperaban poder vivir como siempre lo habían hecho. Los neerlandeses intentaron cooperar con los iroqueses. Querían ayuda en el comercio de pieles. Pero los ingleses estaban menos dispuestos a trabajar juntos. No estaban seguros de que los colonos y los indígenas pudieran convivir en paz. Creían que sus estilos de vida eran demasiado diferentes. Cuando los ingleses tomaron el control de los Nuevos Países Bajos, aceptaron cooperar. Pero cuando llegaron más colonos, quisieron más tierras. No se cumplieron las promesas. Los colonos tomaron tierras sin permiso.

Inspiración

La Confederación Iroquesa tenía una constitución no escrita. Explicaba cuáles eran los derechos de los miembros, sus funciones y su organización. Es posible que esta constitución haya influido en las ideas de Benjamin Franklin sobre el nuevo gobierno estadounidense.

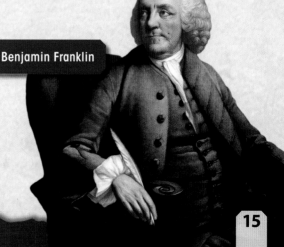

Benjamin Franklin

William Penn quería que las cosas fueran diferentes en Pensilvania. Aprendió de otras colonias. Sus creencias cuáqueras también ayudaron. Penn creía que las relaciones amistosas eran muy importantes. Estableció contactos con la tribu lenni lenape antes de venir a América del Norte. Le escribió una carta a su líder. En la carta, Penn dijo que él tenía afecto y respeto por los lenni lenapes. Dijo que eran los verdaderos dueños de las tierras. Escribió que esperaba ganarse su confianza. Prometió ser honesto y pacífico. Dijo que sus colonos también lo serían.

Penn hace un tratado con los indígenas.

Penn cumplió su palabra. Dejó que los colonos se establecieran solamente en la tierra que compraban. Pagaron precios justos por la tierra. Formó tribunales que resolvían las disputas de forma justa. Las tribus de otras colonias comenzaron a ir a Pensilvania. Allí podían escapar de los malos tratos. Durante más de 50 años, colonos e indígenas convivieron en paz en Pensilvania.

Diversidad en el centro

El rey de Inglaterra esperaba que las colonias del centro lo ayudaran a crear un gran imperio en América del Norte. Esperaba que las personas hablaran la misma lengua. Pensó que tendrían los mismos valores. Pero sucedió otra cosa. Las colonias del centro se convirtieron en las colonias con más diversidad de todas.

colonos suecos en las colonias del centro

Tolerancia religiosa

Llegaron colonos de muchos países a las colonias del centro. Venían de Alemania y los Países Bajos. Venían de Suecia, Irlanda e Inglaterra. También había gente de África. Las personas llevaron sus costumbres y estilos de vida. Tenían sus propios idiomas y sus propias religiones.

La vida cambió en las colonias del centro. Los colonos no crearon sus propios países. Aprendieron a vivir juntos. Muchos habían llegado a las colonias del centro en busca de libertad religiosa. Una vez allí, tuvieron tolerancia religiosa. Dejaron que los demás practicaran sus propias religiones. Ninguna fe fue más poderosa que todas. Luego, esto se convirtió en una pieza fundamental de una nueva identidad estadounidense.

Suecia

Alemania

Países Bajos

Inglaterra

colonias del centro

África

Agricultores y comerciantes

Las colonias del centro se crearon a partir de concesiones de tierras. Su propósito era generar dinero para los dueños de las tierras y para el rey. La economía de las colonias del centro se fortaleció. Los agricultores cultivaban trigo, cebada, maíz, centeno y lino. Criaban vacas y cerdos. Los agricultores cultivaban tanta comida que tenían mucho para vender. Las colonias del centro alimentaban a los colonos de muchas partes de América del Norte. Llegaron a ser conocidas como el granero del Nuevo Mundo.

También se desarrolló una economía comercial. Los aserraderos producían madera. Los molinos de trigo hacían harina. Se construían barcos y se extraía hierro. Los ríos anchos facilitaban el comercio. Los comerciantes y los agricultores podían transportar sus productos hasta la costa con facilidad. Nueva York y Filadelfia se convirtieron en grandes ciudades portuarias. Las colonias prosperaron.

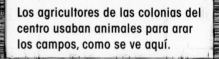

Los agricultores de las colonias del centro usaban animales para arar los campos, como se ve aquí.

La política en el centro

Cada colonia tenía su propio gobernador y su propia asamblea legislativa. Cada asamblea legislativa tenía dos cámaras, o grupos. El gobernador escogía a los hombres de la cámara alta. Los habitantes elegían a los hombres que servían en la cámara baja. Solo los hombres podían votar. Y solo se podían elegir hombres. Las dos cámaras trabajaban juntas para hacer leyes. Pero el gobernador o el rey podían rechazar las leyes que no les gustaran.

puerto de Nueva Ámsterdam en 1667

Una reputación merecida

Los colonos cultivaban muchos granos, como trigo, centeno, cebada y avena. También cultivaban calabazas, calabacines y frijoles de todo tipo. Esta abundancia de alimento les dio la reputación de ser el granero del Nuevo Mundo.

Los africanos y la esclavitud

Los colonos llevaron africanos a las colonias del centro para que trabajaran para ellos. Al principio, los llevaron como **sirvientes por contrato**. Esto significaba que a veces eran liberados después de trabajar durante un cierto tiempo. Pero al poco tiempo, los colonos comenzaron a llevar africanos como esclavos. Un esclavo es una persona que es considerada propiedad de otra. Los dueños obligaban a sus esclavos a trabajar para ellos sin pagarles. Los esclavos no tenían libertad. Por lo general, los esclavos de las colonias del centro debían hacer tareas domésticas. También eran cocheros y cocineros. Pero no recibían ninguna paga por el trabajo que hacían.

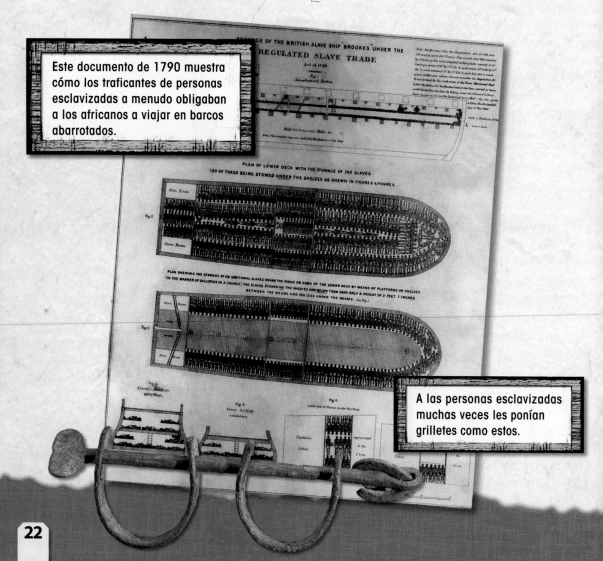

Este documento de 1790 muestra cómo los traficantes de personas esclavizadas a menudo obligaban a los africanos a viajar en barcos abarrotados.

A las personas esclavizadas muchas veces les ponían grilletes como estos.

Los sirvientes por contrato y las personas esclavizadas tenían una vida difícil. No se consideraba que los africanos fueran iguales a los colonos blancos. No tenían los mismos derechos. Pero los colonos trataban a los africanos esclavizados de la peor manera. No permitían que se reunieran, tampoco que llevaran armas. Y no había leyes que protegieran a las personas esclavizadas de castigos crueles.

Esta persona esclavizada trabaja en una casa en la colonia de Nueva York.

Vida familiar

Las familias de los colonos trabajaban mucho. A menudo tenían ocho o diez hijos. Pero a veces los niños no llegaban a adultos. Cada miembro de la familia tenía una función importante. Los hombres se ocupaban de las granjas y los negocios. Las mujeres cuidaban a los niños. Se encargaban de la casa y también trabajaban en las granjas familiares. Las niñas trabajaban junto a sus madres. Los niños varones solían ser **aprendices** de oficios. La mayoría de las actividades sociales se relacionaban con la religión.

Todos trabajaban de sol a sol. La vida en las granjas giraba en torno a las estaciones. Siempre había trabajo que hacer. Los cultivos se plantaban en primavera. Los agricultores los cuidaban durante el verano. Se cosechaba en otoño. En invierno, se hacían planes para la primavera siguiente.

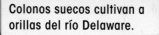

Colonos suecos cultivan a orillas del río Delaware.

Las casas de campo solían ser frías y oscuras. Las velas y las chimeneas eran las únicas fuentes de luz. En los meses de invierno, las casas se calentaban con fuego. Muchas veces, las enfermedades se extendían por las comunidades. Cientos de personas morían. Había pocos médicos y la mayoría tenía poca preparación profesional. En 1765, se fundó la primera universidad de medicina en Filadelfia. Esto ayudó a que las personas obtuvieran la atención médica que necesitaban.

Una niña pequeña pela manzanas.

Este libro de 1726 describe la viruela en las colonias.

Un virus mortal

El virus de la viruela mató a muchas personas. Además de fiebre y vómitos, la viruela causaba ampollas con pus y costras muy dolorosas.

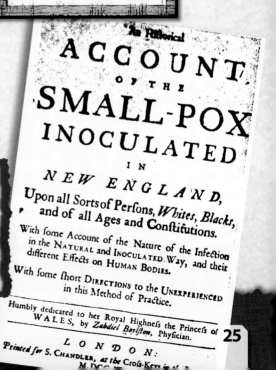

An Historical
ACCOUNT,
OF THE
SMALL-POX
INOCULATED
IN
NEW ENGLAND,
Upon all Sorts of Persons, Whites, Blacks, and of all Ages and Constitutions.

With some Account of the Nature of the Infection in the NATURAL and INOCULATED Way, and their different Effects on HUMAN BODIES.

With some short DIRECTIONS to the UNEXPERIENCED in this Method of Practice.

Humbly dedicated to her Royal Highness the Princess of WALES, by *Zabdiel Boylston*, Physician.

LONDON:
Printed for S. CHANDLER, at the Cross-Keys in the

Un modelo para una nación

En muchos sentidos, las colonias del centro sirvieron de modelo para una nueva nación estadounidense. Allí se establecieron personas diferentes unas de otras. Como resultado, surgió una sociedad con una gran diversidad. Ningún grupo tenía el control. Las personas que vivían allí eran diferentes en muchos sentidos. Eso hizo que aceptaran más a los demás. No tenían que ser iguales para llevarse bien. Por eso, las colonias del centro fueron un gran éxito. La gente trabajó mucho. Las empresas prosperaron y las ciudades crecieron.

Durante mucho tiempo, Inglaterra dejó que los colonos se organizaran por su cuenta. Los ingleses pensaban que los colonos trabajaban para ayudar a la **madre patria**. Pero debido a la diversidad de la región, Inglaterra no era la madre patria de todos. Los colonos pensaban que ellos debían beneficiarse de su trabajo, y no beneficiar a un país y a un rey que estaban al otro lado del mar. Querían más libertad. Querían tomar sus propias decisiones. Estas diferencias crearían conflictos. Los conflictos se convertirían en una guerra. Y pronto surgiría una nueva nación, fundada en gran parte sobre los ideales de las colonias del centro.

Nueva York en el siglo XVIII

Numb. XLVII.

THE
New - York Weekly JOURNAL.

Containing the freſheſt Advices, Foreign, and Domeſtick.

MUNDAY September 23d, 1734.

A ſecond Continuation of the Letter from Middletown.

PRay (ſays the Councellor very gravely) if a Nullity of Laws is to be inferred from the Go-vernours voting in Council, what will become of the Sup-port of Government ? Our Governours (its ſaid) have always done ſo, and believe they do ſo in the Neighbouring Govern-ments of *York* and *Penſilvania*, &c. and I never heard that the Councils (whoſe Buſi-neſs it was) either there or here, ever op-poſed the Governour's Sitting and Acting in Council : And, Sir, do you conſider the dangerous Conſequence of a Nullity of Laws? The Support of Government, an-ſwered the Lawyer, is but temporary, and in a little Time will expire by its own Li-mitation : But were it perpetual, I can't underſtand how a Government is ſupport-ed by breaking the Conſtitution of it ; that ſeems a Contradiction in Terms, and like ſeems a *Houſe by pulling of it down.* But if you mean by the Support of the Go-vernment, the Support of the Governour and of you Officers, I ſee no Reaſon why that ſhould be at the Expence of the Conſti-tution, and Burdens laid upon the Subject in a manner not warranted by Law ; when it can be done with as much Eaſe the Right Way. — The Council (it is true) are

ments of his Oppreſſ… was recalled. Look… under the Adminiſtr… ter (who was a Man… and knew as well how… you will find the A… Bills up to the Cou… to the Preſident of th… admitted, and never … poſſeſs the Meſſenge… on the Pretence … been delivered to … Aſſembly conſiſti… no private left Han… weak and low Spir… Attempt to paſs w… Manner ſuitable to… Conduct. — Y… I do not) what has… former Governour… had Impudence en… ſition to their unw… gant Actions, and… they employed to… a Reſiſtance and … Prerogatives of … (with Submiſſion … ought never am… be alledged as Pre… What the Governours of the neighbouring Governments of *New-York*, *Penſilvania*, &c. have done, I neither do, nor am con-cerned to know, any more than they are with what our Governours do or have done with what our Governours do or have done The Conſtitution of their Govern-

Libertad de prensa

Incluso antes de la Primera Enmienda, las colonias del centro apoyaron la libertad de prensa. En 1733, John Peter Zenger escribió sobre William Cosby, un gobernador corrupto, en el periódico *New-York Weekly Journal*. Zenger fue encarcelado por eso. Durante su juicio (representado en la imagen de arriba), se demostró que los artículos que escribió decían la verdad. Zenger fue liberado.

¡Decrétalo!

Los colonos del centro elegían a hombres para que hicieran leyes para ellos. Las leyes tienen varios propósitos. Sirven para conservar la paz y mantener el orden. Ayudan a las personas a resolver conflictos y disputas. Las leyes también pueden proteger los derechos de las personas.

Si fueras un habitante de las colonias del centro, ¿qué leyes querrías en tu colonia? Recuerda que tus vecinos son personas de distintos países. Estas personas pueden tener creencias y estilos de vida diferentes. Y los indígenas vivían en esta tierra mucho antes de que tú llegaras. Escribe al menos cinco leyes que querrías en tu colonia.

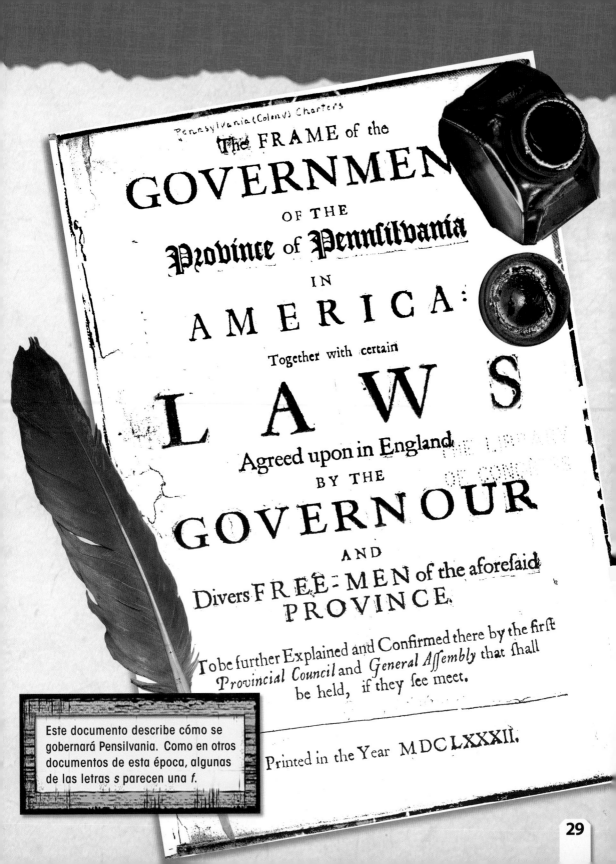

Pennsylvania (Colony) Charters

The FRAME of the
GOVERNMENT

OF THE

Province of Pennsilvania

IN

AMERICA:

Together with certain

LAWS

Agreed upon in England

BY THE

GOVERNOUR

AND

Divers FREE-MEN of the aforesaid
PROVINCE.

To be further Explained and Confirmed there by the first Provincial Council and General Assembly that shall be held, if they see meet.

Printed in the Year MDCLXXXII.

Este documento describe cómo se gobernará Pensilvania. Como en otros documentos de esta época, algunas de las letras s parecen una f.

Glosario

aprendices: personas que aprenden el oficio de un trabajador experto

artesanos: personas que son hábiles haciendo cosas a mano

colisión: un choque entre dos o más personas u objetos

comerciantes: personas que compran y venden bienes por dinero

concesión de tierras: un contrato que otorga la propiedad de una parcela de tierra

cooperaron: trabajaron juntos para hacer algo

diversidad: una gran cantidad de cosas o personas diferentes

economía comercial: un sistema en el cual bienes y servicios tienen valores monetarios

gobernador: la persona que está al mando de una región

imperios: grupos de países controlados por un solo gobernante

madre patria: el país de donde venían los colonos

Nuevo Mundo: el hemisferio occidental del mundo; en especial, América del Norte, América Central y América del Sur

paso del Noroeste: una ruta marítima que conecta los océanos Atlántico y Pacífico por la costa norte de América

persecuciones: tratos injustos que alguien recibe debido a sus creencias

prosperaron: tuvieron más éxito, generalmente al producir más dinero

rentable: que puede generar o producir dinero

sirvientes por contrato: personas que trabajan para otras para ganar su libertad o bienes

Índice

¡Tu turno!

La vida en las colonias del centro

Este es un grabado del siglo XIX. Muestra a las colonias del centro en el siglo XVII. ¿De qué manera las personas del siglo XIX veían a las colonias del centro? ¿Cómo apoya esta imagen la idea de que las colonias del centro cran el granero del Nuevo Mundo? Escribe un párrafo para contestar estas preguntas.